RATUS POCHE

COLLECTION DIRIGÉE PAR JEANINE ET JEAN GUION

Ratus raconte ses vacances

Les aventures du rat vert

© Hatier Paris 2003, ISSN 1259 4652, ISBN 978-2-218-74416-7

Ratus raconte
ses vacances

꩜

Une histoire de Jeanine et Jean Guion
illustrée par Olivier Vogel

Hatier
jeunesse

Ratus est rentré de vacances. Il grimpe sur son mur et appelle les chats :
– Ohé, Marou ! Mina ! Venez écouter ce qui m'est arrivé. Je suis allé à Saint-Tropez ! J'ai vu la mer et de gros bateaux 1 dans le port. Un jour, il y avait un bateau 2 de pirates...

D'après Ratus, qui l'a délivré des pirates ?

– Des pirates ? demande Marou, très étonné.

– Oui, oui ! dit Ratus. Et même, ils m'ont enlevé ! C'était terrible !

Heureusement, les gendarmes de Saint-Tropez m'ont délivré. ₃

Nos amis se sont assis dans l'herbe. Ratus raconte son histoire.

Que faisait Ratus quand il a reçu un coup sur la tête ?

– Un soir, je jouais tranquillement à la ⁴
pétanque. J'étais en train de gagner. ⁵
Au moment où je mesurais, un pirate
m'a tapé sur la tête.

Puis Ratus ajoute :

– Quand je me suis réveillé, j'étais
attaché dans la cale d'un bateau. ⁶

Quel dessin correspond à ce que Ratus raconte ?

Marou et Mina ouvrent de grands yeux. 7
Le rat vert dit qu'il a fait semblant de
dormir, puis qu'il s'est détaché tout seul.
– Je suis sorti par une fenêtre à canon.
C'était facile, j'ai l'habitude de passer
par la petite fenêtre qui est dans la
cuisine de Belo.

Comment Ratus a-t-il quitté le bateau des pirates ?

Ratus parle maintenant en faisant de grands gestes. 8

– Sur le pont du bateau, il y avait un canot gonflable. Je l'ai jeté à l'eau et 9 j'ai sauté dedans. Je me suis enfui comme ça...

– Mais, tu nous as bien dit que les gendarmes t'avaient délivré, fait remarquer Mina.

– Attends, je n'ai pas fini ! dit le rat vert.

D'habitude, qui lance des flèches dans les histoires ?

13 Les pirates.
14 Les Indiens.
15 Les astronautes.

Quel est l'ordre
de ces images
16 B - D - A -
17 B - C - D -
18 B - A - C -

16

– Les pirates m'ont entendu. Ils ont lancé des flèches et ils ont crevé le canot. Même qu'une flèche m'a piqué le derrière ! Ils sont venus me repêcher et ils m'ont attaché comme un saucisson autour du mât. Je ne pouvais plus ₁₀ bouger.

– Tu as dû avoir très peur ! dit Mina.

D'après Ratus, que voulaient savoir les pirates ?

Le rat vert se sent devenir un héros. 11
Il est tout fier.

– Pourquoi t'avaient-ils capturé ? 12
demande Mina.

– Ils voulaient savoir où je cache mes
fromages pour me les voler, affirme le
rat vert. Mais je n'ai rien dit !
Marou ne croit pas à cette histoire.

Quel est le journal de l'histoire ?

Pour prouver qu'il dit vrai, le rat vert montre une page de journal qu'il a découpée.

– Il n'y a que le gros titre, dit Marou en haussant les épaules. L'article est à la page 7. Donne-moi cette page.

– Ça tenait trop de place dans ma valise, dit le rat vert. Je n'ai gardé que le titre.

D'après Victor, que s'est-il passé ?

Voilà Victor qui s'approche. Il a un journal à la main.

– Tu es guéri ? demande le gros chien. Tu n'as plus ta bosse ?

– Ratus raconte qu'il a été enlevé par des pirates ! dit Marou.

– Pas du tout, dit Victor. Il a reçu une boule de pétanque sur la tête. Le journal dit même qu'il était en train de tricher !

Un touriste a photographié Ratus à Saint-Tropez.
Quelle était cette photo ?

D'après le journal, la tête de Ratus est si dure que la boule se serait cassée en deux !

– Alors, les pirates, ce n'était pas vrai ? demande Mina.

– Bien sûr que non ! dit Victor. Mais depuis que Ratus a reçu un coup sur la tête, il voit des pirates partout...

– Vous êtes des jaloux, dit le rat vert. À Saint-Tropez, l'été, c'est pas la vérité qui compte, c'est ce qu'on raconte !

1

Saint-Tropez
(on prononce :
sin-tro-pé)

2

un **port**

3

heureusement
(on prononce :
eu-reu-ze-man)

les **gendarmes**
(on prononce :
jan-dar-me)

4

tranquillement
(on prononce :
tran-ki-le-man)

5

la **pétanque**
La **pétanque** est un
jeu de boules.

6

la **cale** d'un bateau

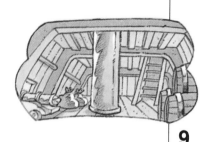

7

de grands **yeux**
(on prononce : *z .ieu*)
Un œil, des yeux.

8

des **gestes**
(on prononce : *jès-te*)

9

un **canot**

Un **canot gonflable**
est en caoutchouc. On
le gonfle avant de s'en
servir.

10
le **mât** d'un bateau

11
un **héros**
(on prononce : *é-ro*)
Un **héros** est
quelqu'un de très
courageux.

12
capturer
Attraper une personne
ou un animal.

13
il a **reçu**
(on prononce : *re-su*)

Les aventures du rat vert

Super-Mamie et la forêt interdite

Les histoires de toujours

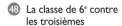

Collection Ratus Poche

Ralette, drôle de chipie

L'école de Mme Bégonia

La classe de 6e

Conception graphique couverture : Pouty Design
Conception graphique intérieur : Jean Yves Grall • mise en page : Atelier JMH

Imprimé en France par Pollina, 84500 Luçon - n° L59246
Dépôt légal n° 74416-7/10 - décembre 2011